「帰三宝偈」のこころ

訳◉豊原大成
解説◉赤井智顕

〔表紙写真〕　清水正弘「トルファン近郊の高昌故城からの夕陽」

はじめに

「帰三宝偈《きさんぼうげ》」は、善導大師《ぜんどうだいし》（六一三～六八一）が著された『観経四帖疏《かんぎょうしじょうしょ》』の冒頭に示された偈文《げもん》です。大師は唐の時代に活躍された中国浄土教の大成者で、浄土真宗の宗祖・親鸞聖人（一一七三～一二六三）も七高僧《しちこうそう》のお一人として敬われています。『観経四帖疏』は大師の在世当時、さまざまな見解で説かれていた『観無量寿《かんむりょうじゅ》経《きょう》』（以下、『観経』）の解釈をただし、『観経』の真意を明らかにすることを目指された書でした。

この偈文は初めに仏《ぶっ》・法《ぽう》・僧《そう》の三宝《さんぼう》に帰敬《ききょう》する旨を示されていることから「帰三宝偈」とよばれますが、すべての人々に浄土往生の願いを発《おこ》して、仏・法・僧の三宝への帰依《きえ》を勧められたものなので「勧衆偈《かんしゅげ》」ともよばれています。また、浄土真宗では勤行に用いられてきた偈文としても知られています。

本書の前半部は、勤行で読誦《どくじゅ》されています「帰三宝偈」の偈文と、故豊原大成先生の訳された訳文を掲載しています。後半部は「帰三宝偈」の偈文を読み進めながら、そのこころをたずねています。限られた字数のなかでの解説ですが、本書を通して「帰三宝偈」のこころに触れていただく機縁となればうれしく思います。

なお、本書は聞真会出版部発行の「慈眼《じげん》」第六三三号（二〇二二年一月）から第六五六号（二〇二三年十二月）までの二十四回にわたって掲載された、「『帰三宝偈』のこころ」の原稿に、若干の加筆（補記・註）と修正を加えて一冊にまとめたものです。

最後になりますが、本書への掲載の機縁をくださった聞真会の関係者のみなさま、本書の出版を勧めてくださり、お力添えをいただきました西福寺御住職の豊原正尚様、そして本書の出版を快く引き受けてくださり、編集の労をお取りくださった自照社の鹿苑誓史様に、深く御礼申し上げます。

二〇二五年二月

赤井智顕

◉ 目次 ◉

帰三宝偈

訳◉豊原大成

磬二声 ○○　出音　八調ミ

●道《どう》俗《ぞく》時《じ》衆《しゅ》等《とう》　引

同音かく

各《かく》発《ほっ》無《む》上《じょう》心《しん》　引

生《しょう》-死《じ》甚《じん》難《なん》厭《ねん》　引

仏《ぶっ》法《ぽう》復《ぶ》難《なん》欣《ごん》　引

※ここでは本願寺派依用の勤行作法を掲載。

僧侶も俗人も、今の時代の人びとは、

各々《おのおの》、悟《さと》りを求める心を発《おこ》しはしても、

生死輪廻《しょうじりんね》〔を繰り返す此《こ》の迷《まよ》いの世界《せかい》〕への

執着《しゅうぢゃく》が強く

仏《みほとけ》の法《おしえ》を喜ぶことは稀《まれ》である。

共《ぐ》発《ほっ》金《こん》剛《ごう》志《し》引
横《おう》超《ちょう》断《だん》四《し》流《る》引
願《がん》入《にゅう》弥《み》陀《だ》界《かい》引
帰《き》依《え》合《がっ》掌《しょう》礼《らい》引

〔だから皆《みな》〕共《とも》に、金剛《ダイヤモンド》〔のように堅固《けんご》な、価値ある〕志《こころざし》を発《おこ》し、
煩悩《ぼんのう》の流れを横超断《とびこえ》て
阿弥陀如来の世界に生まれんことを願い、
〔仏《みほとけ》に対して〕帰依《きえ》し、合掌《がっしょう》の礼《れい》をなすべきである。

世《せ》尊《そん》我《が》一《いっ》心《しん》引
帰《き》命《みょう》尽《じん》十《じっ》方《ぽう》引
法《ほっ》性《しょう》真《しん》如《にょ》海《かい》引
報《ほう》化《け》等《とう》諸《しょ》仏《ぶつ》引

仏《みほとけ》（世《せ》尊《そん》）よ、私は一心《いっしん》に
〔以下の仏《みほとけ》と菩薩《ぼさつ》らに〕帰依し奉《たてまつ》る。
〔即《すなわ》ち、十方《じっぽう》世界《せかい》に遍《あまね》き〕真理《しんり》としての仏《みほとけ》、
報土《ほうど》（浄土《じょうど》）や化土《けど》（仮の浄土）の仏《みほとけ》たち、

一《いっ》一《いち》菩《ぼ》薩《さっ》身《しん》引
眷《けん》属《ぞく》等《とう》無《む》量《りょう》引
荘《しょう》厳《ごん》及《ぎゅう》変《へん》化《げ》引
十《じゅう》地《じ》三《さん》賢《げん》海《かい》引

一々《いちいち》の菩薩、
その無数の眷属《けんぞく》、
荘厳身《しょうごんしん》（徳によって美しく飾《かざ》られた菩薩）と
変化身《へんげしん》（衆生済度《しゅじょうさいど》のために現れたもうた菩薩）、
十段階の諸《もろもろ》の菩薩や菩薩への道を歩む賢者《けんじゃ》たち、

時《じ》劫《こう》満《まん》未《み》満《まん》 引

智《ち》行《ぎょう》円《えん》未《み》円《えん》 引

正《しょう》-使《じ》尽《じん》未《み》尽《じん》 引

習《じゅ》気《け》亡《もう》未《み》亡《もう》 引

（菩薩としての修行《しゅぎょう》の）時期の満了《まんりょう》した者と未了《みりょう》の者、

智慧《ちえ》と実践行《じっせんぎょう》とが完成した者と未完の者、

煩悩（正使《しょうじ》）の無くなった者と未《いま》だ残っている者、

煩悩の香《かおり》（習気《じっけ》）の無くなった者と未だ残っている者、

功《く》用《ゆう》無《む》功《く》用《ゆう》 引
証《しょう》-智《ち》未《み》証《しょう》智《ち》 引
妙《みょう》覚《がく》及《ぎゅう》等《とう》覚《がく》 引
正《しょう》-受《じゅ》金《こん》剛《ごう》心《しん》 引

功用《くゆう》（努力しながら仏道《ぶつどう》を歩む者）と無功用《むくゆう》（自然に仏道を歩み得《う》る者）、
真理を証得《さと》った者と未だ証得《さと》らぬ者、
妙覚《みょうがく》（仏道を完全に達成した者）と等覚《とうがく》（仏道を略々《ほぼ》達成した者）、
金剛《ダイヤモンド》のように堅固《けんご》な（求道《ぐどう》の）心境《しんきょう》に正《まさ》しく入《はい》って

相《そう》応《おう》一《いち》念《ねん》後《ご》 引
果《か》徳《とく》涅《ね》槃《はん》者《しゃ》 引
我《が》等《とう》咸《げん》帰《き》命《みょう》 引
三《さん》仏《ぶつ》菩《ぼ》提《だい》尊《そん》 引

〔仏《みほとけ》の智慧と〕一致する一瞬の後《のち》に、
悟りの境地たる涅槃《ねはん》に入れる者〔に帰依し奉る〕。
我等《われら》は咸《み》な、
みほとけ（三仏菩提尊《さんぶつぼだいそん》）に帰依し奉る。

無《む》礙《げ》神《じん》通《ずう》力《りき》引

冥《みょう》加《が》願《がん》摂《しょう》受《じゅ》引

我《が》等《とう》咸《げん》帰《き》命《みょう》引

三《さん》乗《じょう》等《とう》賢《げん》聖《しょう》引

何人《なにびと》も碍《さえぎ》ることなき大いなる力をもって、

冥《ひそ》かに加護《かご》し願《ねが》わくは摂受《すく》いたまえ。

我等は咸《み》な、

菩薩その他の賢者聖者《けんじゃせいじゃ》、

学《がく》仏《ぶつ》大《だい》悲《ひ》心《しん》引

長《じょう》時《じ》無《む》退《たい》者《しゃ》引

請《しょう》願《がん》遥《よう》加《か》備《び》引

念《ねん》念《ねん》見《けん》諸《しょ》仏《ぶつ》引

仏《みほとけ》の大慈悲心《だいじひしん》を学び、

永久に仏道から退《しりぞ》くこと無き者に〔帰依し奉る。〕

請《こ》い願《ねが》わくは遥《はる》かなる加護によって、

念仏の一声一声に諸《もろもろ》の仏《みほとけ》を見たてまつらんことを。

我《が》等《とう》愚《ぐ》癡《ち》身《しん》 引

曠《こう》劫《ごう》来《らい》流《る》転《てん》 引

今《こん》逢《ぶ》釈《しゃ》迦《か》仏《ぶっ》 引

末《まっ》法《ぽう》之《し》遺《ゆい》跡《しゃく》 引

我等は愚痴《おろか》なる身にして

永劫《ようごう》の昔より〔迷いの世界を〕流転《るてん》しきたるも、

今、釈迦如来の

末世《まっせ》にふさわしい遺教《おしえ》

弥《み》陀《だ》本《ほん》誓《ぜい》願《がん》 引
極《ごく》楽《らく》之《し》要《よう》門《もん》 引
定《じょう》散《さん》等《とう》廻《え》向《こう》 引
速《そく》証《しょう》無《む》生《しょう》身《しん》 引

〔即ち〕阿弥陀如来の本願（大慈悲にもとづく誓い）、
極楽世界への肝要《かんよう》の門《もん》に〔逢う〕。
〔観仏三昧《かんぶつざんまい》などの〕定善《じょうぜん》をも、〔その他の善根《ぜんごん》功徳《くどく》を積《つ》み重《かさ》ねる〕散善《さんぜん》をも等しく回し向けて、〔その功徳によって〕
速《すみ》やかに仏《ほとけ》（無生身《むしょうしん》）となろう。

我《が》依《え》菩《ぼ》薩《さつ》蔵《ぞう》 引
頓《とん》教《ぎょう》一《いち》乗《じょう》海《かい》 引
説《せっ》偈《げ》帰《き》三《さん》宝《ぼう》 引
与《よ》仏《ぶっ》心《しん》相《そう》応《おう》 引

私は、大乗《だいじょう》の菩薩の教え、
頓教《とんぎょう》（頓《すみや》かに成仏《じょうぶつ》に到《いた》る道）、一乗海《いちじょうかい》（全ての衆生《しゅじょう》のための唯一の大道たる仏《みほとけ》の教え）により、
この詩を説き、三宝《さんぼう》（仏《ほとけ》・法《おしえ》・僧《ひとびと》）に帰依を捧《ささ》げ、
仏《みほとけ》の心に添《そ》いたてまつる。

十《じっ》方《ぽう》恒《ごう》沙《じゃ》仏《ぶつ》引
六《ろく》通《つう》照《しょう》知《ち》我《が》引
今《こん》乗《じょう》二《に》尊《そん》教《ぎょう》引
広《こう》開《かい》浄《じょう》土《ど》門《もん》引

十方世界にまします、恒伽河辺《ガンジスかわべ》の沙《すな》の数ほども多い仏《みほとけ》たちよ、

〔天眼《てんげん》・天耳《てんに》など〕六種の神通力《じんずうりき》をもって私を照覧《しょうらん》したまえ。

今や、〔弥陀・釈迦〕二尊《にそん》の教えに導かれつつ、

広く浄土〔極楽世界〕の門を開こう。

願《がん》以《に》此《し》功《く》徳《どく》 引

平《びょう》等《どう》施《せ》一《いっ》切《さい》 引

同《どう》発《ほっ》菩《ぼ》提《だい》心《しん》 引

往《おう》生《じょう》安《あん》楽《らっ》国《こく》 引

磬一声 ○

願《ねが》わくは此《こ》の仏《みほとけ》の功徳《くどく》をば
平等に一切衆生《いっさいしゅじょう》に分《わ》かち、
共々《ともども》に求道心《ぐどうしん》を発《おこ》して、
仏《みほとけ》の国《くに》（安楽国《あんらっこく》）に往生《おうじょう》しよう。

短念仏六返《たんねんぶつろっぺん》

※ここでは本願寺派「出棺勤行」の差定より短念仏・回向句を掲載。

出音　八調ミ

なーまーーんだーぶー
●南無阿弥陀仏

同音なーまーーんだーぶー
南無阿弥陀仏　磬一声○

なーまーーんだーぶー
南無阿弥陀仏

なーまーーんだーぶー
南無阿弥陀仏

なーまーーんだーぶー
南無阿弥陀仏

なーまーーんだーぶー
南無阿弥陀仏　磬一声○

回向句《えこうく》

（龍樹菩薩造『十二礼《じゅうにらい》』末尾の詩頌）

出音　八調ミ

がせびそん引くどくじ引　同音
●我説彼尊功徳事
私は彼《か》の尊《ほとけ》の功徳《くどく》の事《こと》を説《と》く。

しゅぜんむへんにょかいすいい
衆善無辺如海水
衆《もろもろ》の善《ぜん》は辺《ほとり》無《な》く、〔大《だい》〕海《かい》の水の如し。

しょぎゃくぜんごんしょうじょうしゃ　引
所獲善根清浄者
獲《う》る所《ところ》の清《しょう》浄《じょう》なる善根《ぜんこん》をば

えせしゅじょうしょうひ引こー引
廻施衆生生彼国　磬三声○○○
衆生《しゅじょう》に廻施《わか》ちて〔諸共《もろとも》に〕仏《みほとけ》の国に生れん。

「帰三宝偈」のこころ

赤井智顕

1 善導大師の勧め

先勧《ぜんしょう》大《だい》衆《しゅ》発《ほっ》願《がん》帰《き》三《さん》宝《ぼう》

――先《ま》づ大衆《だいしゅ》を勧めて願《がん》を発《おこ》して三宝《さんぼう》に帰《き》せしむ。

「帰三宝偈《きさんぼうげ》」の冒頭、善導大師《ぜんどうだいし》は有縁《うえん》の人々に向けて、まず阿弥陀仏の浄土へ往生したいという願いを発《おこ》して、仏《ぶっ》・法《ぽう》・僧《そう》の三つの宝に帰依《きえ》することを勧めていかれます。

私たちは「いのちの行く末」に対する、深い不安を抱《かか》えて生きています。阿弥陀仏の浄土は清らかなさとりの領域であり、私を迎えとってくださる「いのちの帰依《きえ》処《しょ》」です。そして仏・法・僧の三宝《さんぼう》こそ、嘘《うそ》や偽《いつわ》りに満ちあふれ、はかなく崩れゆく世間に身を置いて生きる私たちを、最後まで支えぬき、導いてくださる最高の宝に他なりません。

大師が冒頭でいわれた「先《ま》づ」という、「何よりも先に」との言葉は、私たちがこの苦悩の人生を生きていくにあたって、何を求め、何を大切にするべきなのか、そのことをはっきりと示されているのです。

2 無上の信心

道《どう》俗《ぞく》時《じ》衆《しゅ》等《とう》　各《かく》発《ほつ》無《む》上《じょう》心《しん》

――道俗《どうぞく》の時衆《じしゅ》等、おのおの無上心《むじょうしん》を発《おこ》せ。

この言葉から「帰三宝偈」の偈文《げもん》がはじまります。善導大師は当時の人々に向けて、「おのおの無上心《むじょうしん》を発《おこ》せ」と「無上心」を発すことを勧められます。それは出家《しゅっけ》（道）や在家《ざいけ》（俗）であることを問わずに、阿弥陀仏に帰依して無上の信心を発すことを勧められたものでした。しかし、この勧めは当時の人々だけにとどまらず、いまの時代を生きる私たちにも向けられているのではないでしょうか。「時衆《じしゅ》等」の「等」のなかに、自らの姿を見出《みいだ》してこられたのが、お念仏の先人方の受け止めでもあったからです。

何を依《よ》りどころにして生きていけばよいのか、そして「いのちの行く末」は一体どうなっていくのか、という問いは、私自身が抱えている大きな問題です。だからこそ「おのおの無上心を発せ」と、大師は私たちに向かって、生死《しょうじ》の問題の解決となる他力の信心を勧めてくださっているのです。

3 迷いを断ちきるもの

生死《しょうじ》甚難《じんなん》厭《ねん》　仏法《ぶっぽう》復《ぶ》難《なん》欣《ごん》
共《ぐ》発《ほっ》金《こん》剛《ごう》志《し》　横《おう》超《ちょう》断《だん》四《し》流《る》
願《がん》入《にゅう》弥《み》陀《だ》界《かい》　帰《き》依《え》合《がっ》掌《しょう》礼《らい》

生死《しょうじ》はなはだ厭《いと》ひがたく、仏法また欣《ねが》ひがたし。
ともに金剛《こんごう》の志《こころざし》を発《おこ》して、横《よこさま》に四流《しる》を超断《ちょうだん》すべし。
弥陀界《みだかい》に入《い》らんと願《がん》じて、帰依《きえ》し合《がっ》掌《しょう》し礼《らい》したてまつれ。

この世は迷いの世界であり、偽りの世界であるのだから、はやく厭《いと》い離れて真実の教えである仏法を欣《ねが》い求めて生きていくべきである。私たちは普段の日暮らしのなかで、そのような思いをどれほど持ちながら生きているでしょうか。日々、煩悩《ぼんのう》に振り回され、迷いのあり方を深めて生きている私の姿は、仏法に背を向けて逃げ回っているような有様《ありさま》です。そんな私がいくら励んでも、生死《しょうじ》の迷いを厭うのは難しく、仏法を欣い求めるのは困難なことといわねばなりません。

善導大師は阿弥陀仏からたまわる他力の金剛心《こんごうしん》（信心）によって、「四流《しる》（欲暴《よくぼ》流《る》・有暴流《うぼる》・見暴流《けんぼる》・無明暴流《むみょうぼる》）」という生死の迷いを超えていくことを勧めてくださいました。そして私を仏法へと導き、救済してくださる阿弥陀仏に帰依し、仰《あお》ぎながら生きていく人生を勧めてくださっているのです。

◎註

金剛《こんごう》の志《こころざし》　菩提心《ぼだいしん》のこと。親鸞聖人は他力の菩提心の意とみなされた。

四流《しる》　迷いの因である煩悩《ぼんのう》は一切《いっさい》の善を押し流すので暴流《ぼる》といい、これに以下の四種をあげたもの。欲暴流《よくぼる》（欲界五欲《よくかいごよく》の境に執着《しゅうじゃく》して起こる煩悩）・有暴流《うぼる》（色界《しきかい》、無色界《むしきかい》における見惑《けんわく》と思惑《しわく》）・見暴流《けんぼる》（三界《さんがい》の見惑）・無明暴流《むみょうぼる》（四諦《したい》などに対する無智）。

4 釈尊への告白

世尊《せそん》我《が》一心《いっしん》　帰命尽十方《きみょうじんじっぽう》
法性真如海《ほっしょうしんにょかい》　報化等諸仏《ほうけとうしょぶつ》
一一菩薩身《いついちぼさっしん》　眷属等無量《けんぞくとうむりょう》

世尊《せそん》、われ一心に尽十方《じんじっぽう》の
法性真如海《ほっしょうしんにょかい》と、報化《ほうけ》等の諸仏《しょぶつ》と、
一々の菩薩身《ぼさっしん》と、眷属《けんぞく》等の無量《むりょう》なる
と、

善導大師は釈尊《しゃくそん》（世尊《せそん》）に対して、仏・法・僧の三宝に帰依する心を告白しておられます。私たちがこの人生を生きていく上で大切なことは、何を本当の依りどころとして生きていくのか、何を真実と敬って生きていくのか、ということではないでしょうか。何を依りどころとし、何を真実と仰いで生きていくのかによって、自《おの》ずと私自身の生きる意味や方向性が定まってくるからです。

続いて大師は、「法性真如海《ほっしょうしんにょかい》」といわれるさとりそのもの（法宝《ほうぼう》）、「報化《ほうけ》等の諸《しょ》仏《ぶつ》」と示される十方《じっぽう》に数限りなく存在する仏（仏宝《ぶっぽう》）、そして「一々の菩薩身《ぼさっしん》と、眷属《けんぞく》等の無量《むりょう》なる」といわれる仏道を歩む者のなかで最もすぐれた菩薩《ぼさつ》方（僧宝）こそ、仰ぐべき真実であるといわれています。それはこの三宝こそが私たちの人生をつらぬいて、最後まで支えぬき、導いてくださる本当の宝物に他ならないものだったからです。

5 菩薩への帰依①

荘厳《しょうごん》及変化《ぎゅうへんげ》　十地《じゅうじ》三賢海《さんげんかい》
時劫満未満《じこうまんみまん》　智行円未円《ちぎょうえんみえん》

荘厳《しょうごん》および変化《へんげ》と、十地《じゅうじ》と三賢海《さんげんかい》と、
時劫《じこう》の満《まん》と未満《みまん》と、智行《ちぎょう》の円《えん》と未円《みえん》
と、

菩薩とよばれる仏道《ぶつどう》を歩む者は、仏のさとりを真摯《しんし》に目指しながら、苦悩を抱える者を救うために、さまざまな相好《そうごう》や教化《きょうけ》のすがた（荘厳《しょうごん》および変化《へんげ》）をとって導いてくださいます。

ところで菩薩が仏のさとりを開くには、途方もない長い時間をかけて五十二位の階梯《かいてい》を進んでいく厳しい修行を行わねばなりません。五十二位の階梯とは十信《じゅうしん》・

十住《じゅうじゅう》・十行《じゅうぎょう》・十回向《じゅうえこう》・十地《じゅうじ》・等覚《とうがく》・妙覚《みょうがく》という位《くらい》ですが、そのなかでも十住・十行・十回向の階位は「賢者《けんじゃ》」であり、その上の初地《しょじ》から十地は「聖者《しょうじゃ》」とよばれる高い位の菩薩の階位でした。善導大師はそのような菩薩方を、「十地と三賢海《さんげんかい》」と讃《たた》えておられます。

「帰三宝偈」では以下、さとりを開くための修行の時間を完全に満たした仏と、未だ満たしていない菩薩、そして仏のさとりへとつながる六波羅蜜《ろっぱらみつ》（布施《ふせ》・持戒《じかい》・忍辱《にんにく》・精進《しょうじん》・禅定《ぜんじょう》・智慧《ちえ》）の修行をすべて完成（円満《えんまん》）した仏と、未だ完成していない菩薩に対する大師の帰依の心が明かされています。

◎註

荘厳《しょうごん》および変化《へんげ》　荘厳身《しょうごんしん》（報身《ほうじん》）および変化身《へんげしん》（化身《けしん》）の菩薩《ぼさつ》。

時劫《じこう》　菩薩としての修行の時間。

智行《ちぎょう》　智慧《ちえ》と修行。

6 菩薩への帰依②

正使《しょうじ》尽《じん》未《み》尽《じん》　習気《じゅっけ》亡《もう》未《み》亡《もう》

功《く》用《ゆう》無《む》功《く》用《ゆう》　証《しょう》智《ち》未《み》証《しょう》智《ち》

正使《しょうじ》の尽《じん》と未尽《みじん》と、習気《じっけ》の亡《もう》と未亡《みもう》と、

功用《くゆう》と無功用《むくゆう》と、証智《しょうち》と未証智《みしょうち》と、

私たちは日々、煩悩という自己中心的な思いに駆られて生活しています。この私の自己中心的な心を駆使させて、迷いのあり方を深めさせていく煩悩の本体のことを、仏教では「正使《しょうじ》」とよんでいます。ここでは「正使」を完全に断じ尽くした仏と、未だ尽くしていない菩薩、そして煩悩の残《のこ》り香《が》のような「習気《じっけ》」をも完全に亡《な》くした仏と、未だ亡くしていない菩薩に対する善導大師の帰依の心が示されています。

また菩薩は仏のさとりを目指しながら、苦悩を抱える者を救うために努力（功《く》用《ゆう》）し、修行に励む者のことをいいますが、八地《はちじ》以上の高位の菩薩になれば努力を用いることなく（無《む》功《く》用《ゆう》）、自然に修行が進んでいくといわれています。大師は修行に努力を用いる（功用）初地から七地《しちじ》までの菩薩と、用いない八地以上の菩薩、そして真実の理《ことわり》を確認（証智《しょうち》）された八地以上の菩薩と、七地以前の未だ確認されていない未証智《みしょうち》の菩薩に対する帰依の心を明かされているのです。

7 菩薩への帰依③

妙覚《みょうがく》及等覚《ぎゅうとうがく》　正受金剛心《しょうじゅこんごうしん》
相応一念後《そうおういちねんご》　果徳涅槃者《かとくねはんしゃ》

妙覚《みょうがく》および等覚《とうがく》の、まさしく金剛心《こんごうしん》を受け、
相応《そうおう》する一念《いちねん》の後《のち》、果徳涅槃《かとくねはん》のものに帰命《きみょう》したてまつる。

仏のさとりを目指す菩薩は、五十二位の階梯を懸命に進んでいかれますが、この階梯の最高の位が「妙覚《みょうがく》」といわれるさとりの境地です。その一つ前にある五十一番目の位が「妙覚」に等しい位、すなわち「等覚《とうがく》」とよばれる位です。等覚の菩薩が妙覚の位へいたるには、迷いの源《みなもと》である根本の無明《むみょう》を断ち切る必要がありま

す。この無明を断つための行《ぎょう》が、金剛三昧《こんごうざんまい》とよばれる精神を集中する行です。等覚の菩薩は金剛三昧によって金剛心を発《おこ》されますが、金剛心とは何があっても破壊されない心のことで、どのような深い無明であろうとも完全に断ち切っていく智慧の心を意味していました。

等覚の菩薩は金剛心によってさとりを開き、「果徳涅槃《かとくねはん》」といわれるさとりの境地を実現していかれるのですが、ここで善導大師は、妙覚の位に到達された仏や、間もなくさとりを実現する等覚の菩薩に対する帰依の心を明かされているのです。

8 仏宝の冥加を請う

我等《がとう》咸帰命《げんきみょう》　三仏菩提尊《さんぶつぼだいそん》
無礙《むげ》神通力《じんずうりき》　冥加願摂受《みょうががんしょうじゅ》

われらことごとく三仏菩提《さんぶつぼだい》の尊《そん》に帰《き》命《みょう》したてまつる。無礙《むげ》の神通力《じんずうりき》をもつて、冥《みょう》に加《か》して願《ねが》はくは摂受《しょうじゅ》したまへ。

前項までの内容は、善導大師ご自身が釈尊に対して、仏・法・僧の三宝への帰依の心を述べていかれるものでしたが、大師は続いて仏宝の冥加《みょうが》(仏の不可思議《ふかしぎ》な尊いはたらき)を請われていかれます。

古来、さとりの境地を目指して仏道を歩もうとする仏弟子《ぶつでし》たちは、何よりも先に三宝へ帰依の心をあらわし、仏宝の冥加を請われてきました。ここでいわれる「三《さん》仏菩提《ぶつぼだい》」の「三仏」とは、法身《ほっしん》・報身《ほうじん》・化身《けしん》という仏の三身《さんしん》のことを意味していますが、これは仏の本質であるさとりそのものや、仏のさまざまなはたらきすべてを意味する言葉です。

善導大師は何ものにも礙《さまた》げられることのない不可思議なはたらきをもって、どうか自身に大きな力を与えてほしいと願われています。それはわが身の愚《おろ》かさを知り、自らの力の限界を知った仏弟子の言葉に他なりません。ここに仏道に対する善導大師の真摯な心が示されているのです。

◎註

三仏菩提《さんぶつぼだい》の尊《そん》　法身《ほっしん》（色も形もない真如《しんにょ》そのものである仏身《ぶっしん》）・報身《ほうじん》（因位《いんに》の願行《がんぎょう》に報《むく》いて成就《じょうじゅ》した仏身）・化身《けしん》（衆生《しゅじょう》の根機《こんき》に応じて、仮に穢土《えど》に出現した仏身）の三身《さんしん》。または弥陀《みだ》・釈迦《しゃか》・諸仏《しょぶつ》を指す。

摂受《しょうじゅ》　おさめとり、受け入れること。

9 僧宝の加備を請う

我《が》等《とう》咸《げん》帰《き》命《みょう》　三《さん》乗《じょう》等《とう》賢《げん》聖《しょう》　—　われらことごとく三乗《さんじょう》等の賢聖《げんじょう》の、

善導大師は仏宝に続いて、僧宝である菩薩の加備力《かびりき》（不可思議なはたらき）を請われます。「三乗《さんじょう》」とは「声聞乗《しょうもんじょう》」・「縁覚乗《えんがくじょう》」・「菩薩乗《ぼさつじょう》」のことで、さとりへと導く教えを三種の乗り物に譬《たと》えられた言葉です。

「声聞」は仏の教えを聞いて修行し、阿羅漢《あらかん》という自身のさとりを開くことで満足してしまう聖者《しょうじゃ》。「縁覚」は仏の教えに依らず、独《ひと》りで縁起《えんぎ》の理《ことわり》を見極めてさとりを開こうとする聖者。そして「菩薩」は六波羅蜜（布施・持戒・忍辱・精進・禅定・智慧）の行《ぎょう》を修めてさとりを目指し、あらゆる衆生の救済を実現しようとする者のことで、ここでは特に菩薩の五十二位の階梯のなかでも、十住・十行・十回向の三賢《さんげん》と、十聖《じっしょう》とよばれる十地の位の三賢十聖《さんげんじっしょう》の菩薩を意味していました。またここで、「声聞」・「縁覚」といわれる部派仏教《ぶはぶっきょう》の聖者が挙げられているのは、単に部派の聖者を意味する言葉ではなく、大乗仏教《だいじょうぶっきょう》の教えに帰依された尊くすぐれた菩薩を指していると先哲は解釈されています。*

◎註

賢聖《げんじょう》　尊くすぐれた聖者《しょうじゃ》。

*香月院深励『観経四帖疏講義』（法藏館、二四頁）

10 仏の大悲心を学ぶ

学仏《がくぶつ》大悲心《だいひしん》　長時《じょうじ》無退者《むたいしゃ》

――仏《ぶつ》の大悲心《だいひしん》を学《がく》して、長時《じょうじ》に退《たい》することなきものに帰命《きみょう》したてまつる。

善導大師は帰依すべき菩薩を、仏の大悲《だいひ》の心（大慈悲心《だいじひしん》）を学んで退転《たいてん》しない方といわれています。

「慈悲《じひ》」の「慈」は、インドの古い言葉である「マイトリー」の訳語で、「純粋な友愛」を意味しています。「悲」は「カルナー」の訳語で、他者の悲しみや苦しみをともに痛んでいく心を意味しています。それは他者のいのちの痛みを自分と関係のないものとして眺めていくのではなく、わがことのように引き受けていく共感の心です。仏は私たちの苦悩をご自身の痛みとして受け止め、響き合う心をお持ちだからこそ、私たちのしあわせを心から願い続け、その実現のためにはたらき続けてくださっているのです。

仏の慈悲の心を学ぶということは、まさに他者のいのちの痛みに共感し、響き合う世界に生きていこうとすることですが、大師はそのような仏道を歩まれる菩薩を心から尊敬されました。そして自らも「学仏大悲心《がくぶつだいひしん》」の心を大切に、仏道を歩んでいかれた方だったのです。

11 「眼見」と「聞見」

請《しょう》願《がん》遥《よう》加《か》備《び》　念《ねん》念《ねん》見《けん》諸《しょ》仏《ぶつ》

請《こ》ひ願《ねが》はくははるかに加《か》備《び》したまへ。
念々《ねんねん》に諸《しょ》仏《ぶつ》を見たてまつらん。

善導大師は帰依すべき菩薩のすがたを明かされた後、僧宝である菩薩の加備力を請われていきます。ここに「念々《ねんねん》に諸仏《しょぶつ》を見たてまつらん」といわれる「見」は、肉眼や心眼などによって仏のすがたや、浄土を目の当《ま》たり拝見していくという、見《けん》仏《ぶつ》の利益《りやく》を請われる言葉として理解することができます。実際、『観経《かんぎょう》』には「無《む》量寿仏《りょうじゅぶつ》を見たてまつれば、すなはち十方《じっぽう》無量《むりょう》の諸仏を見たてまつる」（『註釈版』一〇三頁）と説かれているからです。しかし先哲は、この「見」の意には「眼見《げんけん》」

と「聞見《もんけん》」の両義があることを示されて、ここでの「見」は「聞見」の意であると受け止めておられます。*

つまり、仏の大悲心を学ぶ菩薩方（僧宝）に対して見仏の利益を請われるのは、肉眼や心眼に目の当たり仏のすがたを拝見するような「眼見」の利益を請うのではなく、仏の大悲の心を聞いて信知する「聞見」の利益を請われたものとして受け止めることができる、味わい深い言葉でもあるのです。

◎註

＊深川倫雄『浄土教の確立―『観経玄義分』講讃―』（永田文昌堂、五〇頁）

12 わが身を知らされる

我等《が》《とう》愚癡《ぐち》身《しん》　曠劫《こうごう》来流《らいる》転《てん》

——われら愚痴《ぐち》の身《しん》、曠劫《こうごう》よりこのかた流《る》転《てん》して、

仏・法・僧の三宝への加備力を請われてきた善導大師は、続けてなぜ、三宝へ加備力を請うのかというこころを示されます。ここではまず、ご自身の偽らざる姿を告白されています。それが日々、煩悩にたぶらかされて生きる愚かな凡夫《ぼんぶ》であり、果てしなく生死《しょうじ》の迷いを繰りかえすばかりで、自らの力ではさとりにいたることのできない自らの姿でした。「われら愚痴《ぐち》の身《しん》、曠劫《こうごう》よりこのかた流転《るてん》して」という言葉は、仏の教えによって照らされ、わが身を知らされることによって発せられ

た、大師の悲痛な叫びだったのです。

『観経四帖疏《かんぎょうしじょうしょ》』「散善義《さんぜんぎ》」にある、「自身は現にこれ罪悪生死《ざいあくしょうじ》の凡夫、曠劫よりこのかたつねに没《もっ》しつねに流転して、出離《しゅつり》の縁《えん》あることなし」（『註釈版《七祖篇》』四五七頁）と、ご自身の姿を示されている言葉もよく知られていますが、これらは絶望的なわが身を告白されるだけの言葉ではありません。阿弥陀仏の慈悲の心は、実はそのような罪悪を抱えた凡夫にこそ注がれていると受け止めておられるのです。

◎註

曠劫《こうごう》　はかりしれない昔。

「帰三宝偈」のこころ

13 末法の世に輝く教え

今逢《こんぶ》釈迦仏《しゃかぶつ》　末法《まっぽう》之《し》遺跡《ゆいしゃく》
弥陀《みだ》本誓願《ほんぜいがん》

——いま釈迦仏《しゃかぶつ》の末法《まっぽう》の遺跡《ゆいしゃく》たる
弥陀《みだ》の本誓願《ほんぜいがん》、

救われ難《がた》い、深い罪悪を抱えたわが身に注がれているのが阿弥陀仏の慈悲の心ですが、その阿弥陀仏の救いを説かれたのが教主・釈尊でした。「末法《まっぽう》」という仏法が衰退し、社会の荒廃の進んだ世に生きる私たちのために、釈尊が説き遺《のこ》された「遺跡《ゆいしゃく》」こそ浄土の教えに他なりません。その「遺跡」の内容を具体的に、善導大師は「弥陀《みだ》の本誓願《ほんぜいがん》」という言葉で示されています。

「弥陀の本誓願」とは、阿弥陀仏が法蔵菩薩《ほうぞうぼさつ》の因位《いんに》のときに発《おこ》された四十八の願いのなか、特に十八番目に願われた第十八願を指している言葉で、「本願《ほんがん》」や「弘《ぐ》願《がん》」ともいわれます。十方世界に生きるすべてのいのちを、平等に救いとげていくことを誓われた第十八願こそ、四十八願《しじゅうはちがん》の中核であり、阿弥陀仏の願いはこの第十八願に集約されていると見られたのが善導大師でした。そして『観経』も第十八願の救いを説かれた経典であり、この本願のこころを説かれることこそが、釈尊のご本意であることを明らかにしてくださったのが大師だったのです。

14 『観経』の真意

極楽之要門《ごくらくしようもん》　定散等廻向《じょうさんとうえこう》
速証無生身《そくしょうむしょうしん》

極楽《ごくらく》の要門《ようもん》に逢《あ》へり。定散《じょうさん》等しく回《え》向《こう》して、
すみやかに無生《むしょう》の身《しん》を証せん。

善導大師は釈尊が遺された「遺跡《ゆいしゃく》」に、「極楽《ごくらく》の要門《ようもん》」があると示されます。「要門」とは極楽浄土に往生するための肝要《かんよう》な門の意で、具体的には『観経』に説かれる「定善《じょうぜん》」と「散善《さんぜん》」を指していました。「定善」は心を一点に集中して、阿弥陀仏やその浄土を正確に心に顕現《けんげん》させる行《ぎょう》、「散善」は散り乱れた日常の心のままで、悪をつつしみ、善を励む行のことです。しかし『観経』には定善も散善もで

きない極重悪人《ごくじゅうあくにん》のために、本願に誓われた他力念仏による救いが説かれていました。表向きには定散《じょうさん》二善《にぜん》を中心に説かれているように見える『観経』の真意が、この念仏一つの救いにあることを見定めてくださったのが善導大師でした。

なお、ここで大師は「定散《じょうさん》」の善行《ぜんぎょう》を「廻向《えこう》」して、速《すみ》やかに「無生身《むしょうしん》」を証すために三宝への加備力を請われていますが、これは定散二善のなかに念仏の行を摂《おさ》めて示された言葉であると、受け止めることができます。

◎註

要門《ようもん》　浄土に往生するための肝要《かんよう》な門。

「帰三宝偈」のこころ

15 依りどころとする教え

我依《がえ》菩薩《ぼさつ》蔵《ぞう》　頓《とん》教《ぎょう》一《いち》乗《じょう》海《かい》　——　われ菩薩蔵頓教《ぼさつぞうとんぎょう》、一乗海《いちじょうかい》によりて、

この句から続く一段は、善導大師が諸仏の加備力によって、「帰三宝偈」を造り、浄土の教えを弘めんとされる心が示されています。

大師は自らの依りどころとする教えを、「菩薩蔵《ぼさつぞう》」・「頓教《とんぎょう》」・「一乗海《いちじょうかい》」といわれています。初めの「菩薩蔵」は、仏の教えを収めた「蔵《くら》」のなかでも、声聞や縁覚といわれる自身のさとり（自利《じり》）のみを目的とする声聞蔵《しょうもんぞう》の教えではなく、自らのさとり（自利）を求めるとともに、すべての衆生の救済（利他《りた》）を目指す、自利《じり》利《り》他《た》を標榜《ひょうぼう》としている大乗の教えを意味する言葉です。

「頓教」とは、仏のさとりをうるのに膨大《ぼうだい》な修行の時間がかかる「漸教《ぜんぎょう》」に対して、速やかに仏果《ぶっか》をうることのできる教えを指していました。

そして「一乗海」の「一乗」とは、すべての衆生を平等に乗せて、同じ仏のさとり（海）へと導く唯一の教えを意味していますが、その教えこそこれから大師が『観経四帖疏』に明かされていく、阿弥陀仏の本願の救いだったのです。

16 仏心と相応して

説《せつ》偈《げ》帰《き》三《さん》宝《ぼう》　与《よ》仏《ぶつ》心《しん》相《そう》応《おう》

偈《げ》を説きて三宝《さんぼう》に帰《き》して、仏心《ぶっしん》と相応《そうおう》せん。

前項で解説しました「我依菩薩蔵《がえぼさつぞう》　頓教一乗海《とんぎょういちじょうかい》」から続く一連の句は、七高僧《しちこうそう》の第二祖・天親菩薩《てんじんぼさつ》の著された『浄土論《じょうどろん》』冒頭の「願生偈《がんしょうげ》」のなかに、「我依修多《がえしゅた》羅《ら》　真実功徳相《しんじつくどくそう》　説願偈総持《せつがんげそうじ》　与仏教相応《よぶっきょうそうおう》（われ修多羅《しゅたら》の真実功徳相《しんじつくどくそう》によりて、願《がん》偈《げ》を説きて総持《そうじ》し、仏教と相応《そうおう》せん）」（『註釈版《七祖篇》』二九頁）とある言葉になられたものと考えられます。

善導大師は「菩薩蔵」・「頓教」・「一乗海」の教えである、阿弥陀仏の本願の救いを依りどころとして「帰三宝偈」を造られますが、そこに示される救いの内容は、大師の勝手な見解でも、私意を差し挟まれたものでもありません。それは本願の救いこそ弥陀・釈迦・諸仏の心（仏心《ぶっしん》）にかなうものであったからです。

天親菩薩が「仏教と相応」して「願生偈」を造られ、阿弥陀仏の本願の救いを宣《せん》布《ぷ》していかれたように、大師もまた「仏心と相応」して「帰三宝偈」を造られ、末《まっ》代《だい》の世に生きる私たち苦悩の衆生のために、本願の救いという真実の依りどころを示してくださっているのです。

17 六神通（聖者のもつ不思議な力）

十方《じっぽう》恒《ごう》沙《じゃ》仏《ぶつ》　六《ろく》通《つう》照《しょう》知《ち》我《が》

――十方恒沙《じっぽうごうじゃ》の仏《ぶつ》、六通《ろくつう》をもつてわれを照知《しょうち》したまへ。

善導大師は「仏心と相応」して「帰三宝偈」を造られますが、この「仏心」こそ、「十方恒沙《じっぽうごうじゃ》の仏《ぶつ》」といわれる弥陀・釈迦・諸仏を指していました。大師は『観経』の真意である本願の救いを明らかにするために、十方にまします仏に向かって、「どうか六通《ろくつう》（六神通《ろくじんずう》）のはたらきをもってわが身を照らし、わが身をみそなわしてください」と願っていかれたのです。

ちなみに六神通とは、「神足通《じんそくつう》（どこにでも自由に現れることができる能力）」、「天《てん》眼通《げんつう》（世間のすべてのことを見通す力）」、「天耳通《てんにつう》（どのような苦楽の声も、遠近の音も聞くことのできる能力）」、「他心通《たしんつう》（他の人の考えていることを知り通す能力）」、「宿命通《しゅくみょうつう》（その人の過去世《かこせ》のありさまを知る能力）」、「漏尽通《ろじんつう》（すべての煩悩を取り去る能力）」の六種のことで、智慧に支えられた聖者《しょうじゃ》がもつ不思議な力のことをいいます。

18 凡夫に開かれた法門

今乗《こんじょう》二尊《にそん》教《ぎょう》　広開《こうかい》浄土《じょうど》門《もん》

――いま二尊《にそん》（釈尊《しゃくそん》・阿弥陀仏）の教《きょう》に乗《じょう》じて、広く浄土の門を開く。

『観経』には韋提希夫人《いだいけぶにん》の請いに応じて、釈尊が定善・散善といわれる善行《ぜんぎょう》、つまり要門の教えが説かれています。しかし、定善と散善を実践することのできない愚かな極重悪人のために、阿弥陀仏の本願に願われた他力念仏による救い、つまり弘願の教えが『観経』には説かれていました。

このこころを善導大師は『観経四帖疏』「玄義分《げんぎぶん》」に、「娑婆《しゃば》の化主《けしゅ》（釈尊）はその請《しょう》によるがゆゑにすなはち広く浄土の要門を開き、安楽《あんらく》の能人《のうにん》（阿弥陀仏）は別《べっ》意《ち》の弘願を顕彰したまふ」（『註釈版《七祖篇》』三〇〇頁）といわれています。もっとも釈尊のご本意が、阿弥陀仏の本願（弘願）の救いを説くことにあったことはいうまでもありません。

この釈尊と弥陀の二尊《にそん》の教えにしたがって、往生浄土の法門を広く説きあらわしていこうとされたのが善導大師でした。大師はこの実現のために、十方にまします仏の六神通の照護《しょうご》を請われ、『観経』の註釈書である『観経四帖疏』を製作されたのです。

19 回向句について①

願《がん》以《に》此《し》功《く》徳《どく》　平《びょう》等《どう》施《せ》一《いっ》切《さい》
同《どう》発《ほっ》菩《ぼ》提《だい》心《しん》　往《おう》生《じょう》安《あん》楽《らっ》国《こく》

願《ねが》はくはこの功徳《くどく》をもつて、平等に一切《いっさい》に施《ほどこ》し、
同じく菩提心《ぼだいしん》を発《おこ》して、安楽国《あんらくこく》に往生せん。

この言葉はさまざまな仏縁《ぶつえん》の場で聞かれたり、実際にお勤めされたことのある言葉ではないでしょうか。浄土真宗本願寺派では日常の勤行にかぎらず、経典を読誦《どくじゅ》したあとの回向句《えこうく》としてもこの四句を用いていますので、僧俗問わず、大変なじみ深い言葉です。

回向句は「帰三宝偈」の最後に置かれている結文ですが、その内容は「帰三宝偈」を造る意図は、ひとえに他の衆生を利益《りやく》していくためのものであることが示されています。

回向句の「回向」はサンスクリット語の「パリナーマ」の訳語で、もともと「めぐらし（回）、さしむける（向）」という意味を持っていました。自身の獲得《ぎゃくとく》した功《く》徳《どく》を自分自身だけではなく、他の人々にも施《ほどこ》し与えて、ともにさとりを目指していこうとすること、つまり方向転換していくことを「回向」といわれているのです。

20 回向句について②

「願《ねが》はくはこの功徳《くどく》をもつて」といわれる「願」は、大師の利他の心が込められている言葉です。次の「功徳」は、広くいえば大師が『観経四帖疏』を製作された功徳のことで、それを「平等に一切《いっさい》に施し」ていくこと、つまりすべての人々に阿弥陀仏の本願の救いを伝え施していきたいといわれている言葉と受け止めることもできますが、先哲はここでいう「功徳」は名号《みょうごう》（南無阿弥陀仏）のはたらきに他ならないのであるから、すべて名号に帰《き》されるものであるとの理解を示されています。*

「同発菩提心《どうほつぼだいしん》　往生安楽国《おうじょうあんらっこく》」の二句は、かつて天親菩薩が『浄土論』の「願生偈」に、「あまねくもろもろの衆生とともに、安楽国《あんらくこく》に往生せん」（『註釈版《七祖篇』』三二頁）と詠《うた》われたこころと、同じ意味をあらわすものです。「同じく菩提心《ぼだいしん》を発《おこ》して」といわれる「菩提心」とは、阿弥陀仏のはたらき（他力）にまかせる信心のことです。この信心は他力によって恵まれるものですから、誰もが同じ信心を発すことができます。だからこそ大師は「同発」といわれ、「南無（まかせよ）阿弥陀仏（われに）」の如来の仰《おお》せにまかせて、同じ信心を発していくことを勧めていかれたのでした。

最後の「安楽国に往生せん」といわれる「安楽国」は、阿弥陀仏が建立《こんりゅう》された浄土を意味する言葉です。こうしてみなともに同じ信心を発し、ともに如来の浄土へ往き生まれていくことを願われて、「帰三宝偈」は結ばれていくのです。

◎註

＊勝山善譲『観経玄義分講義』（顕道書院、一九頁）

21 さいごに

善導大師ご自身が仏・法・僧の三宝に帰依され、『観経四帖疏』を製作されたのは、ひとえに浄土の教えの要《かなめ》である阿弥陀仏の本願の救いを、苦悩を抱えて生きる多くの人々に向けて明らかにしていくことでした。それは「南無阿弥陀仏」の功徳をともにいただき、同じ信心を発《おこ》して安楽国に往生していくことこそ、大師が『観経四帖疏』を書かれた本意であり、大師の「自信教人信《じしんきょうにんしん》（阿弥陀仏の本願の救いを自ら信じ、他者にも信を勧めていくこと）」の心を示すものだったからです。

私たちもまた、善導大師が渾身《こんしん》の想いを込めて書き残された「帰三宝偈」の言葉、そして「同じく菩提心を発して、安楽国に往生せん」と呼びかけてくださった言葉をわが身に聞き受けながら、お浄土への旅路を歩ませていただきたいと思います。

補記　十二礼「回向句」

我《が》説《せ》彼《び》尊《そん》功《く》徳《どく》事《じ》
衆《しゅ》善《ぜん》無《む》辺《へん》如《にょ》海《かい》水《すい》
所《しょ》獲《ぎゃく》善《ぜん》根《ごん》清《しょう》浄《じょう》者《しゃ》
廻《え》施《せ》衆《しゅ》生《じょう》生《しょう》彼《ひ》国《こく》

われかの尊《そん》の功徳《くどく》の事《じ》を説けり。
衆善無辺《しゅぜんむへん》にして海水のごとし。
獲《う》るところの善根《ぜんごん》清浄《しょうじょう》なるもの、
衆生《しゅじょう》に回施《えせ》してかの国に生《しょう》ぜん。

浄土真宗本願寺派では出棺勤行の際に「帰三宝偈」を用いますが、お勤めの最後の回向句にこの四句が用いられています。この句は善導大師の著された、『往生礼《おうじょうらい》讃《さん》』「中夜偈《ちゅうやげ》」に収められている『十二礼《じゅうにらい》』末尾の言葉です。

『十二礼』は大師が「龍樹菩薩《りゅうじゅぼさつ》の願往生礼讃の偈《がんおうじょうらいさんのげ》」（『註釈版《七祖篇》』六七七

頁）とおっしゃっているように、龍樹菩薩が阿弥陀仏の浄土に往生することを願われ、阿弥陀仏を礼拝《らいはい》し讃嘆《さんだん》していかれた讃歌です。もっとも『十二礼』に関しては、龍樹菩薩の作であるかどうか疑問視される意見もありますが、先の善導大師の言葉や、親鸞聖人も龍樹菩薩の著されたものとして引用されていますので、浄土真宗では『十二礼』を龍樹菩薩の書かれたものとしてこれまで大切に伝承され、お勤めにも用いてきました。

『十二礼』は一句七字の四句で一偈が形成され、全部で四十八句十二偈からなる讃歌です。この回向句は最後の第四十五句から第四十八句にあたるもので、自身が得た功徳を人々に伝え、ともに往生しようと願われる内容となっています。

自身が得た功徳とはまさしく「南無阿弥陀仏」の功徳のことで、この功徳を「衆《しゅ》善無辺《ぜんむへん》にして海水のごとし」と讃えられています。そして「獲《う》るところの善根《ぜんごんしょう》清浄《じょう》」である「南無阿弥陀仏」の救い、つまり阿弥陀仏の本願の救いに遇《あ》いえたよろこびを有縁の方々へ伝え勧め、ともにお浄土への人生を歩んでいくことを願われて回向句は終えられています。

この回向句のこころを、親鸞聖人は『高僧和讃《こうそうわさん》』に、

南無阿弥陀仏をとけるには　衆善海水《しゅぜんかいすい》のごとくなり
かの清浄《しょうじょう》の善身《ぜんみ》にえたり　ひとしく衆生に回向せん

（『註釈版』五九九頁）

（南無阿弥陀仏の名号には、あらゆる功徳が海のように満ちていると説き示してくださった。その清らかな功徳をそなえる身となったいま、ひとしくすべてのものにその功徳を伝えていこう）

（『現代語版　三帖和讃』一三二頁）

と詠われています。私もいまこうして出遇わせていただいた、「南無（まかせよ）阿弥陀仏（われに）」の仰せをわが身に聞き受けながら、この救いのよろこびを有縁の方々へ、力の限り伝えていきたいと思います。

【参考資料】

『浄土真宗聖典　註釈版』第二版（本願寺出版社）
『浄土真宗聖典　七祖篇註釈版』（本願寺出版社）
『浄土真宗辞典』（本願寺出版社）
『現代語版　三帖和讃』（本願寺出版社）
『浄土真宗本願寺派葬儀規範』解説―浄土真宗の葬送儀礼―』（本願寺出版社、二〇一〇）

【参考文献】

勝山善譲『観経玄義分講義』（顕道書院、一九三六）
香月院深励『観経四帖疏講義』（法蔵館、一九七五）
仲尾俊博『観経玄義分講讃』（永田文昌堂、一九九三）
深川倫雄『浄土教の確立―『観経疏玄義分』講讃―』（永田文昌堂、一九八四）
藤澤量正『帰三宝偈のこころ』（永田文昌堂、一九八二）
森田眞円『観経玄義分窺義』（永田文昌堂、二〇一七）

＊著訳者紹介＊

豊原大成（とよはら だいじょう）

昭和５年９月～令和４年１月。京都大学文学部（哲学科・仏教学）卒業、同大学大学院修士課程修了。インド、ベナレス・ヒンズー大学大学院博士課程。
浄土真宗本願寺派元総長、西宮・西福寺前住職。

著書『親鸞の生涯』『釈尊の生涯』『真宗表白集』一・二（法蔵館）、『浄土真宗本願寺派入門聖典』（鎌倉新書）、『表白文例集』（同朋舎出版）、『建法幢』『仰法幢』（津村別院）、『図譜 声明集』上・下『浄土真宗本願寺派 葬儀・中陰勤行聖典』（聞真会）、『ジャータカのえほん』全５巻『おしゃかさま』全６巻『表白集』一・二『月忌表白集』『三帖和讃ノート 浄土和讃篇』『三帖和讃ノート 高僧和讃篇』『三帖和讃ノート 正像末和讃篇』『正信偈ハンドブック』（自照社出版）、『浄土真宗本願寺派 日常勤行聖典』『抄訳 佛説無量寿経』『抄訳 佛説観無量寿経』『抄訳 佛説阿弥陀経』（自照社）ほか。

赤井智顕（あかい ともあき）

1980年兵庫県生まれ。
相愛大学非常勤講師、龍谷大学世界仏教文化研究センター客員研究員、広島仏教学院「オンライン講座」講師、NHK文化センター講師、浄土真宗本願寺派善教寺副住職。

著書『なぜ？どうして？浄土真宗の教学相談』（単著／自照社）、『拝読浄土真宗のみ教え〈布教読本〉』（共著／本願寺出版社）、『智慧のともしび－顕証寺本 蓮如上人絵ものがたり－』（共著／法蔵館）、『存覚教学の研究』（共著／永田文昌堂）など。

「帰三宝偈」のこころ

2025年2月17日　第1刷発行

訳　者　豊原大成

著　者　赤井智顕

発行所　聞真会

兵庫県西宮市西福町14-1　西福寺内

製　作
発　売　合同会社 自照社

〒520-0112 滋賀県大津市日吉台4-3-7

tel:077-507-8209 fax:077-507-9926

hp:https://jishosha.shop-pro.jp

印　刷　亜細亜印刷株式会社

ISBN978-4-910494-38-8